뚝딱!~ 메모 글쓰기

서사원주니어

부모님께!

어린이의 글쓰기 지도가 힘들다는 이야기를 자주 듣습니다.

시작하기만 하면 어느새 전쟁이 되어 아이는 쓰기 싫어하고

부모님은 애가 타기 마련이지요.

그런 상황에 늘 안타까워하며 어린이들이 쉽게 쓰기를

시작할 수 있도록 이 책을 준비했습니다.

이 책은 요즘 어린이들의 관심사와 연결된 주제,

생활과 밀접한 주제, 좋아할 만한 주제가 가득 담겨 있습니다.

순서를 지키지 않아도 좋으니,

마구 펼쳐, 쓰고 싶은 것부터 쓰게 해 주세요.

쓰다 보면 편지, 일기, 상상글, 주장글 등 다양한 글을

저절로 경험하게 되어 기본기가 탄탄해집니다.

또한 동음이의어 쓰기, 제시된 단어 넣어 쓰기 등의 글쓰기를 통해

어휘력도 자연스럽게 자라납니다.

어린이가 쓴 글을 보셨다면 자연스럽게 소통해 주세요.

"잘 썼구나."라는 칭찬은 어린이 입장에서는 애매하게 들리거든요.

내용을 보고 자연스러운 대화만 이어 주셔도

어린이들은 글쓰기에 힘을 얻습니다.

단 한 사람의 열렬한 독자가 계속 쓰는 어린이로

자라게 한다는 것을 꼭 기억해 주시면 좋겠습니다.

어린이 여러분!

선생님은 독서 선생님이에요.

매일 매일 어린이들하고 책도 읽고 글도 쓰고 있죠.

복작복작대며 매일 즐겁게 수업하고 있는데요,

어린이들이 자주 하는 말이 있어요.

"선생님, 오늘 글 안 쓰면 안 돼요?"

글쓰기를 싫어하는 친구, 좋아하는 친구 모두가 같은 말을 해요.

선생님은 그 말을 하는 이유를 잘 알아요.

사실 글쓰기는 좋고 싫고를 떠나 정말 힘든 일이거든요.

생각도 많이 해야 하고,

그 생각을 정확한 단어를 연결해서 써야 하니까 얼마나 힘들겠어요.

그래서 조금이라도 덜 힘든 글쓰기를 고민하며 이 책을 만들었어요.

이 책에는 보자마자 쓰고 싶은 말이 쏟아지는 주제가 200개 있어요.

그리고 쓰고 싶은 마음이 들도록 어울리는 그림도 담았지요.

이 책을 펼쳐 한 개 한 개 써 나가는 과정에서 글쓰기는 힘들기도 하지만

재밌고 즐거운 일이라는 것을 알았으면 좋겠어요.

즐겁게 쓰다 보면 다양한 글쓰기도 경험하게 되고,

쓰는 힘이 쑥 자라날 거예요!

아! 글을 다 썼다면 글 아래 별점을 매기는 것도 잊지 말아요.

스스로의 글에 별점을 주는 것도 재밌고 설레는 일이랍니다.

이렇게 써 보세요!

1 책을 펼쳐서 이 주제, 저 주제 먼저 살펴보아요.

2 '아, 생각난다!' 하는 주제가 있으면 바로 써 보는 거예요.

3 문제에서 질문하는 것에 대한 답을 최대한 담아
최소 3문장은 써 보기로 해요. 그럼 메모지가 꽉 찰 거예요.
메모지가 넘쳐도 좋고, 다른 종이에 더 써도 되지요.

글쓰기의 예를 들어 볼까요?

▶주제
네가 얼마나 멋진 사람인지 설명해 봐!
너의 마음, 생각, 모습, 특징 골고루 말이야.

▶안 좋은 글쓰기의 예
나는 축구를 잘해서 멋지다.

▶좋은 글쓰기의 예
나는 축구를 좋아한다.
축구할 때 찍힌 내 모습을 봤는데
다리가 길쭉하고 생기 있어 보였다.
이런 나는 참 멋지다.

4 질문에 답을 하듯 쓰지 말고, 질문 없이도 완전한 글이 되도록 써요.
그러려면 질문의 문장이 들어가는 것이 좋아요.

또다른 예를 들어 볼게요.

▶주제
혼자 보낼 12시간이 있다면 무엇을 하고 싶어?
어디서, 어떤 일을 할 거야?

▶안 좋은 글쓰기의 예
오래 누워서 만화책을 볼 것이다.
매운 떡볶이를 주문해서 혼자 다 먹을 것이다.

▶좋은 글쓰기의 예
만약 혼자 보낼 12시간이 있다면
나는 일단 누워서 만화책을 마음껏 볼 것이다.
그리고 매운 떡볶이를 주문해서 혼자 다 먹을 것이다.
그럼 환상적인 12시간이 될 것 같다.

5 다 쓰고 나면 스스로 마음에 드는 만큼 별점을 주어요.
또는 좋아하는 사람에게 보여 주고 별점을
매겨 달라고 해도 좋아요.

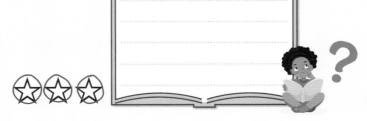

친구들이 썼어요!

1 네가 얼마나 멋진 사람인지 설명해 봐.
네가 좋아하는 것, 잘 먹는 것만 써도
너를 표현할 수 있어.

나는 춤을 잘 춰요. 감자깡
먹는 것을 좋아해요. 친구들과
매일 놀고 웃어요. 친구들도 나를
좋아해요.

_ 2학년 이주비

☆☆☆

3 학교 수업 시간에 매일 조는 친구가 있어.
이 친구는 왜 학교에서 조는 걸까?
상상해서 써 봐.

공부할 게 많아서 새벽
3시에 일어나 공부를 할
것 같아.

1학년 이동건 _

☆☆☆

일단 아무도
안 보이는 곳에서
코를 흥 하고 콧물이
안 나올 정도까지만 풀어. 그럼
코딱지가 나오거나 입술 위쪽에 붙어.
그럼 그때 코딱지를 빼내.

☆☆☆

4 코 안에 손가락 넣지 않고
코딱지를 파내는 좋은
방법을 알려 줘.

_ 5학년 김도훈

손에 방귀 가스를
모아서 가방 속에
넣어 버린다.

☆☆☆

5 방귀를 뀌었어.
그런데 아무에게도
들키지 않을 방법을 써 봐.

2학년 김한율 _

봉지에 볶음밥을 넣고 이 손잡이를 당기면 볶음밥이 만들어진다. 매콤 고소해 맛이 좋다.

☆☆☆

9

어린이만을 위한
신박한 편의점 도시락을
개발해 봐.
메뉴, 맛, 특징 등을 쓰면 돼.

_2학년 김나언

10

이 세상에서 정말 없어져야 한다고 생각하는 것과
이유를 써 줘! 네가 그걸 싫어한다면 그 이유도 말이야.

'불행'이다. '불행'은 사람을 안 좋게
만들어서 없어지면 좋겠다.

2학년 나윤하 _   ☆☆☆

85

너의 MBTI(엠비티아이)는 뭐야? MBTI를 바탕으로 너를
소개해 봐. 모른다면 네 성격을 말해 줘. 너의 성격에 대해
스스로 어떻게 생각하는지도 쓰면 좋아.

나의 MBTI는 ENFP야.
ENFP는 순수하고 기발하대.
하지만 마음이 쉽게 상하고
감정 기복이 심한 건 딱 나여서
그 점은 고쳐야 할 것 같아.

_4학년 유예서

☆☆☆

178

월요일이면 더 피곤한 현상을
월요병이라고 해. 월요병을
없앨 수 있는 방법은 뭘까?
2가지 이상 쓰거나 한
가지라면 자세히
써야 해!

월요일을 없앤다.
그럼 화요병이 생기
겠지만 월요병은 없
앴으니까.

3학년 방라희_ ☆☆☆

7

1 네가 얼마나 멋진 사람인지 설명해 봐.
네가 좋아하는 것, 잘 먹는 것만 써도
너를 표현할 수 있어.

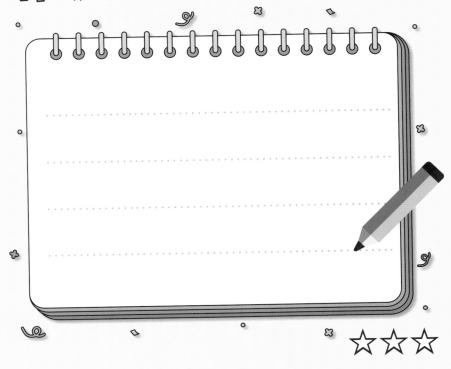

☆ ☆ ☆

2 '어쩔티비~저쩔티비'라는
말을 쓰지 않아야 하는
이유를 말해 줘.

☆ ☆ ☆

3 학교 수업 시간에 매일 조는 친구가 있어.
이 친구는 왜 학교에서 조는 걸까?
상상해서 써 봐.

☆☆☆

4 코 안에 손가락 넣지 않고
코딱지를 파내는 좋은
방법을 알려 줘.

☆☆☆

5 방귀를 뀌었어.
그런데 아무에게도
들키지 않을 방법을 써 봐.

☆☆☆

6 다이소에 가면 꼭 사야 하는 것
3개만 말해 봐.
왜 사야 하는지도 써 줘.
쓰임새, 필요성을 자세히 쓰면 좋아.

☆☆☆

7 강아지로 하루 살 수 있다면 뭐 할 건지 말해 줘.
강아지만이 할 수 있는 일로 생각해야 해.
작은 강아지인지, 큰 강아지인지 미리 말하고 써도 좋아.

☆☆☆

8 읽었던 책 중 가장 최악의 책을 소개해 봐. 왜 최악이었는지, 읽었던 이유, 그 책을 어떻게 하고 싶은지 말이야.

☆★☆

9

어린이만을 위한 신박한 편의점 도시락을 개발해 봐. 메뉴, 맛, 특징 등을 쓰면 돼.

☆★☆

10 이 세상에서 정말 없어져야 한다고 생각하는 것과 이유를 써 줘! 네가 그걸 싫어한다면 그 이유도 말이야.

☆★☆

11 탕후루보다 과일을 맛있게 먹는 방법을 생각해 봐.
어떤 과일을 어떻게 해서 먹으면 좋을까?
탕후루보다 어떤 면에서 더 맛있을까?

☆ ☆ ☆

12 일주일에 한 번은 정말 멋진 급식이 특식으로 나온대.
어떤 음식일지 종류나 맛을 설명해 봐.
정말 먹고 싶은 마음을 담아 쓰면 좋아.

☆ ☆ ☆

13 부모님이 나 대신 학교에
가신다면 뭐라고 말하면서
보내드릴 거야?

☆ ☆ ☆

14 부모님이 없어서
어린이날 외롭게 보내야 하는
어린이가 있어.
이 친구에게 해 주고 싶은
말을 써 봐.

☆ ☆ ☆

15 좋아하는 운동을 설명해 줘!
무엇인지, 어떻게 하는
것인지 말이야.
준비물이나 조심할
점도 알려 줘.

☆ ☆ ☆

16 편의점에서 1시간 동안
마음껏 먹을 수 있다면 무엇을 먹을 거야?
이유는? 먹고 나면 어떤 생각이 들 것 같아?

17 화장실에서 큰일을 보았는데
화장지가 없어. 잘 닦고 나올 수
있는 방법을 생각해 봐.

18 주말에 주로 뭐 하는지 알려 줘.
토요일, 일요일에
누구와 어디서 무얼 해?
그걸 하는 이유가
있다면 그것도 알려 줘.

☆ ☆ ☆

19 네가 정말 좋아하는 책 한 권만 소개해 줘.
좋아하는 이유, 간단한 내용 말이야.
누가 읽으면 좋을지도!

☆ ☆ ☆

20

새로 태어난다면 꼭 갖고 싶은
신체적 특징은? 갖고 싶은 이유는?
그걸 갖게 되면 무엇이 좋을까?

☆ ☆ ☆

21

글쓰기를 좋아해?
아니면 싫어해?
이유는 뭐야?
너의 경험도 같이
쓰면 좋아.

☆ ☆ ☆

22

네가 좋아하는 만화책은 뭐야?
작가는 누구야?
좋아하는 이유는?

YOUR TEXT HERE

☆ ☆ ☆

23 하루 동안 동물로 변신할 수 있다면 뭐가 되고 싶어?
이유는 뭐야? 사람들은 뭐라고 할까?

24

네가 그 누구보다 잘하는 건 뭐야?
어떻게 잘하게 되었어?
잘하니까 뭐가 좋아?

25 너만의 독특하거나 이상한 점이 있다면 알려 줘.
독특하고 이상한 건 나쁜 것이 아니니까,
자신 있게 말해 줘.

☆☆☆

26 하루 동안 다른 사람으로
살 수 있다면 뭐가 되어서
무엇을 하고 싶은지 써 봐.
구체적으로 어떤 사람이 되고
싶은지 생각하면 상상이 더
잘 될 거야.

27 만약 다른 나라에서 태어날 수 있다면
어디에서, 왜 태어나고 싶은지 써 봐.
혹시 어려운 점은 없을지도 생각해 봐.

☆☆☆

☆☆☆

28

너에게 100만원이 생기면
뭐 할 거야? 사고 싶은 것,
먹고 싶은 것, 또는 무엇을
할 수 있을지 생각해 봐.
다 하고 나면 기분은
어떨 것 같아?

29
네가 살고 싶은 집은 어떤 집이야?
어떤 공간인지, 어떤 특징이 있는지,
그 집에서 무엇을 할 건지 써 봐.

☆ ☆ ☆

☆ ☆ ☆

30
지금은 혼자 못하지만
1, 2년 후 꼭 혼자 해 보고
싶은 일은 뭐야?
해 보고 싶은 이유는?
하고 나면 기분은 어떨까?

31

주문한 적 없는
택배 물건이 도착했어.
누가 보낸, 어떤 물건일까?
그걸 어떻게 할 거야?

32

엄마가 한 달 동안 여행을
가신다면서 그동안 먹을 수 있는
음식을 냄비에 해 두고 가셨어.
과연 이 음식은 뭘까?
맛은 어떨까?
왜 이 음식을 해 두고 가셨을까?

33

강아지로 시작해서
끝말잇기를 할 거야.
쭈욱 이어 계속 써 봐.
종이가 다 찰 때까지
말이야.

34

지금까지 먹은 음식 중
최악의 음식을 설명해 봐.
맛, 모양, 특징
같은 것 말이야.

☆☆☆

35

☆☆☆

구석기 시대 원시인을
만나면 무엇을 물어보고 싶어?
같이 하고 싶은 일도 좋아.

36 입으면 멋진 사람으로
변신할 수 있는 옷이 있대.
이 옷을 광고하는
글을 써 봐.
정말 사고 싶은
마음이 들도록
말이야!

37 우주로 날아가면 무엇을 하고 싶어?
우주에는 무엇이 있을까? 어떤 일이 벌어질까?

38

갖고 싶은 물건을 가지면 행복할까?
갖고 싶은 물건을 가졌던
경험을 먼저 쓰고 생각을
써 봐. 행복하든, 그렇지
않든 이유는 무엇일지도
써 봐.

☆☆☆

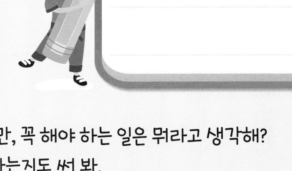

39

하기 싫지만, 꼭 해야 하는 일은 뭐라고 생각해?
왜 해야 하는지도 써 봐.
네가 그걸 할 때의 마음이나 기분도 알려 줘.

☆☆☆

40 운동을 안 하고 건강하게 살 수 있는 방법을 써 봐.

41 네가 회사에 다닌다면 어떤 회사에 다니고 싶어? 이유는 뭐야? 회사에서 하루 동안 무엇을 할까?

42 20년 후 네가 맛집 사장님으로 잘 나가고 있다고 상상해 봐.
너는 어떤 음식을 팔았길래 맛집 사장님이 되었을까?

☆☆☆

43 깊은 산속을 걷다 집을 하나 발견했어.
누가 살고 있을까? 왜 여기 살고 있을까?
나는 그 사람을 만나서 무엇을 했을까?

☆☆☆

44 라면을 최고로 맛있게 먹는 너만의
방법을 써 봐. 준비물, 먹는 법,
끓이는 법, 누구와
먹으면 좋은지 등을
설명하면 돼.

☆☆☆

45 어느 날 천사가 우리 집
냉장고를 가득 채우고 갔어.
어떤 음식을 넣고 갔을지
하나하나 설명해 줘.
그 음식을 넣고 간 이유도
생각해 봐.

☆☆☆

46 어린이들만 사는
동네가 있대.
너도 거기서
한 달 살게 되었어.
어떤 날들을 보낼지
상상해 봐.

☆☆☆

47 친구와 단둘이 배에
남아 표류하고 있어.
어떻게 살아남을 거야?
배에서 먹고 자는
방법은?
구조 요청은
어떻게 할까?

☆ ☆ ☆

48 네가 가장 좋아하는 색깔과 이유를 써 봐. 보면 기분이 어떤지,
주로 어떤 물건에 그 색이 있는지도 생각하면서 말이야.

☆ ☆ ☆

49

네가 물이 된다면,
어디의 어떤 물이 되고 싶어?
그 물이 되면 좋은 점은 뭘까?
기분은 어때?

☆ ☆ ☆

50

네 스마트폰이 말을 한다면
너한테 뭐라고 말할까?
좋은 말일까, 나쁜 말일까?
부탁의 말일까?
그 말을 들은 너의 기분은?

☆ ☆ ☆

51 아이스크림을 엄마 몰래 마음껏 먹을 수 있는 방법은 뭘까? 먹어도 배 아프지 않을 거니까 자유롭게 상상해 봐.

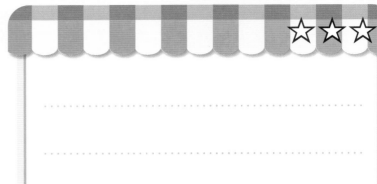

52 네가 멋진 일을 해서 동네에 현수막이 걸렸어. 뭐라고 쓰여 있을까?

53 펼칠 때마다 새로운 이야기가 나오는 책이 있어. 오늘은 어떤 내용이 나왔을까? 네가 좋아하는 이야기를 상상하면 좋겠지?

54

정말 인기 있는 치킨
메뉴를 개발해 봐.
모양, 맛, 가격,
홍보하는 말 같은 것도
생각해 봐.

55

네가 했던 가장 나쁜 일을 고백해 봐.
어떤 일이었는지, 왜 했는지, 지금은
어떻게 생각하는지 말이야.

56

사람들은 모두 멈추어 있고 나 혼자 돌아다닌다면 뭐 하고 싶어?
그 일을 하고 싶은 이유는?
결과는?

☆☆☆

57

선생님 몰래 수업 시간에
과자를 먹는 방법은 뭘까?
한 봉지 다 먹는 좋은 방법 말이야!

☆☆☆

58 고민을 들어주는 나무가 있었대.
나무가 들었던 어린이들의 가장 큰 고민은 무엇이었을까?
그 고민을 들은 나무의 반응은?

★★☆

59 어린이가 어른보다 키가 크다면 어떤 일이 벌어질까?
좋은 일, 나쁜 일 두 가지 모두 생각해 봐.

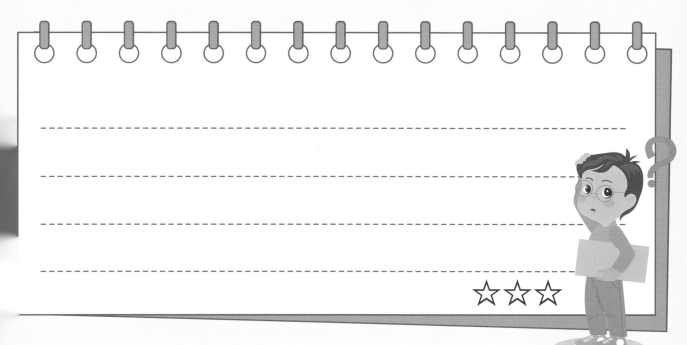

★★☆

60

짜장면을 맛있게 먹는 방법은 뭘까?
잘 비벼야 할까? 아니면 다른 좋은
방법이 있을까? 너의 경험을 떠올려
생각해 봐.

☆ ☆ ☆

61

영어를 술술 말할 수 있으려면 어떻게 해야 할까?
가장 좋은 방법은?

☆ ☆ ☆

62 '배민', '요기요' 같은 앱에서 주문할 수 있었으면 하는 것이 있다면 뭐야? 지금은 할 수 없는 새로운 것 말이야.
그걸 주문하는 사람은 어떤 사람들일까?

☆☆☆

☆☆☆

63 1년간 아무 학원도 다니지 않아도 된다면 그 시간 동안 뭐 하고 싶어?
이유와 함께 자세히 써 봐.

64 그때는 맞고 지금은 틀린 것이 있다면 뭔지 알려 줘!
예전에는 옳다고 생각했으나 지금은 틀린 것 말이야.

☆☆☆

65

너희 집 강아지가 갑자기 말을 해. 너에게 뭐라고 할 것 같아? 강아지가 없으면 상상해서 써 봐. 좋은 말일까, 나쁜 말일까? 혹시 부탁을 한다면 어떤 내용일까?

☆★☆

66

일주일 동안 우리나라에 전기가 나갔어. 어떤 일이 벌어졌을까? 사람들은 무엇을 했을까? 불이 들어오고 나서의 반응은?

☆★☆

67

나비가 되어 날 수 있다면 어디에 가서 무엇을 할 거야?
누구를 만나고 싶어? 뭘 하면 행복할까?

☆ ☆ ☆

68

엄마 몰래 친구 집에서
자고 올 방법을 생각해 봐.
챙겨야 할 준비물도 써 보고!

69 어린이로 살면서 꼭 해 보아야 하는 것은 뭐라고 생각해?
나중에 후회하지 않게 잘 생각해 봐.

70 네가 편의점 주인이 되면 무엇을 팔고 싶어? 이유는?
사람들 반응은 어떨까?

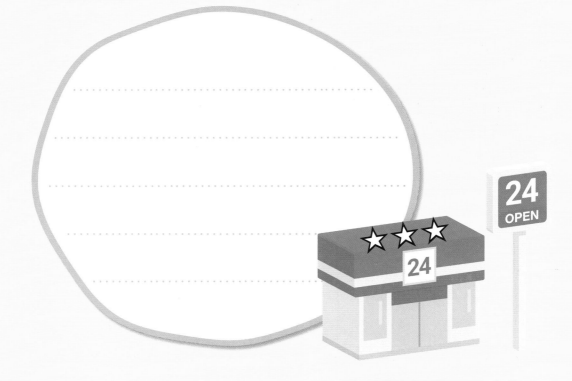

71 네가 금메달을 땄어.
어떤 종목으로 땄을까?
사람들은 뭐라고
했을까?

72 식당이나 카페 등에서 어린이들을 들어오지 못하게 하는
경우가 있는데 어떻게 생각해?
이유를 2가지 이상 쓰면 더 좋아.

☆ ☆ ☆

73

세상에서 가장 어려운 일이 뭐라고 생각해?
그 일을 해 본 적 있어?
어렵다고 생각하는 이유는?

☆★☆

74

길을 가다 커다란 알을 봤어.
알에서 무엇이 태어났을까?
태어난 것을 본 너의 반응은?

☆★☆

75 사람이 먹을 약을 만들기 위해 동물에게 실험하는 것에 대해 어떻게 생각해? 안전한지 미리 먹여 보는 일 같은 것 말이야. 이유도 꼭 써 줘.

☆☆☆

76

너를 설레게 하는 단어는 뭐야? 이유도 알려 줘. 그 단어를 선물한다면 누구에게 할 거야? 그 사람은 어떤 반응일까?

☆☆☆

77 한밤중 너희 집에 도둑이 들었던 걸 아침에 일어나서 알았어.
그런데 네가 도둑을 잡았어.
어떻게 잡았을까?

78

네가 갖고 싶은 재능이
있다면 알려 줘.
왜 갖고 싶은지도
말이야.

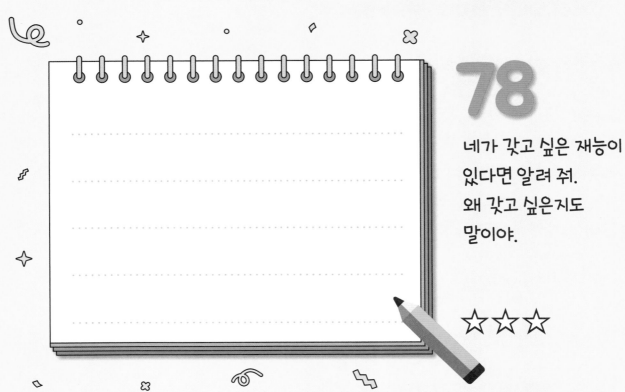

☆☆☆

79 비 오는 날 하면 좋은 일은 뭘까?
비 오는 날만 할 수 있는 일 말이야.
그 일을 하면 기분은 어떨까?

☆☆☆

80 정말 맛있었던 급식을 설명해 줘.
음식 종류, 맛 등을 쓰면 돼.

☆☆☆

81

절대로 하면 안 되는
나쁜 일이 있다면 뭘까?
왜 나빠?
안 할 수 있는 방법은?

82

친구를 때리는 친구에게 그 행동이 왜 나쁜지 알려 주는 글을 써 봐.
이유는 많을수록 좋아!

83 네가 100만 구독자가 있는 유튜버가 되었어.
어떤 주제로 운영했던 걸까? 그 주제로 운영한 이유는?
100만 구독자가 된 기분은?

84 가족과 한 달 안에 꼭 해 보고 싶은 일이 있다면 뭐야?
그 일을 하고 싶은 이유는? 하면 기분이 어떨까?

85 너의 MBTI(엠비티아이)는 뭐야? MBTI를 바탕으로 너를 소개해 봐. 모른다면 네 성격을 말해 줘. 너의 성격에 대해 스스로 어떻게 생각하는지도 쓰면 좋아.

86 대학생이 된 네가 지금의 너에게 말을 한다면 어떤 말을 할 것 같아? 부탁? 요구? 칭찬? 무엇이든 좋아.

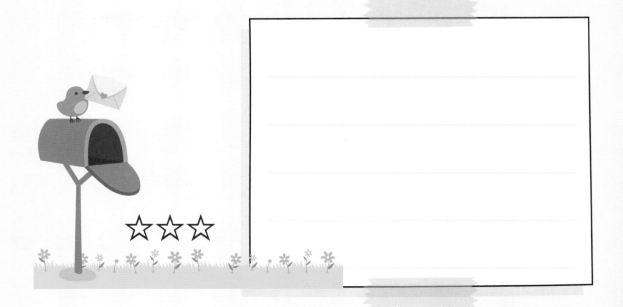

87

네가 이 세상을
마음대로 할 수 있는
신이라면 무엇을
하고 싶어? 결과는
어떻게 되었을까?

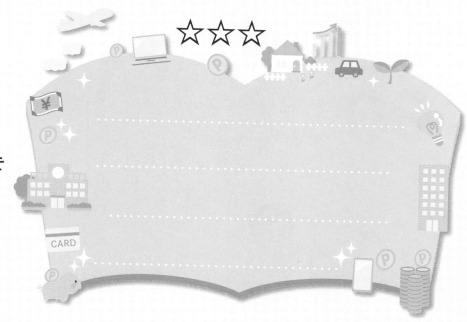

88

가장 심하게 싸웠던 경험을 써 봐.
왜 싸웠어? 결과는?

89

정말 맛없었던 급식을
설명해 줘. 음식 종류,
맛 등을 쓰면 돼.

☆★☆

90 소변이 너무 급한데 참을 수밖에 없는 상황이야. 어떻게 해야 참을 수 있을까? 자세히 써 줘.

☆★☆

91 새로 나온 스마트폰에 정말 생각지도 못한 새로운 기능이 생겼대. 어떤 기능일까? 그 기능을 쓰면 뭐가 좋을까?

☆★☆

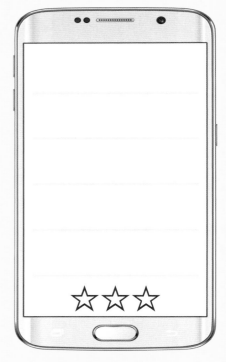

☆★☆

92 요즘 무인 가게, 무인 세탁소 등이 많아. 또 어떤 '무인 ○○'이 생길 수 있을까? 사람들 반응은?

93 긴 김밥, 삼각 김밥 말고
세상에 없는 새로운 김밥을
개발해 봐! 맛, 재료, 모양
같은 걸 생각하면 돼!
든든한 한 끼 식사가 되면
더 좋겠지?

94 미국에 1시간 안에 갈 수 있는 교통 수단이 생겼어.
어떤 것일지 상상해서 기능, 모양, 특징 등을 써 봐.

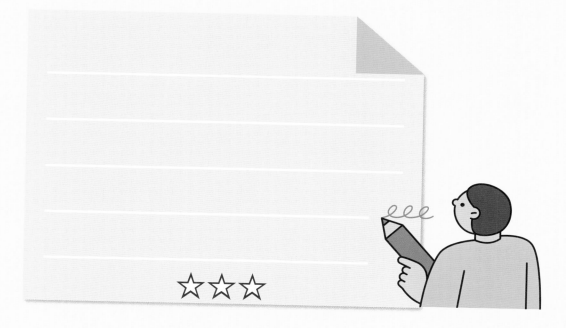

95 한 달 동안 밥을 안 먹어도 버틸 수 있는 약이 있대. 너라면 먹을 거야? 이유는 뭐야? 만약 먹는다면 어떻게 될까?

☆★☆

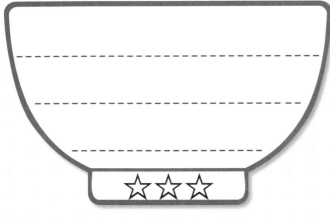

☆★☆

96

지금까지 먹어 본 것 중 가장 맛있는 비빔밥을 먹었어. 어떤 재료가 들어갔을까? 어떻게 만들었을까? 맛은?

97

우리 집의 가장 소중한 보물은 뭐야? 이유는? 없다면 무엇을 보물로 하고 싶어?

☆★☆

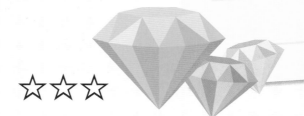

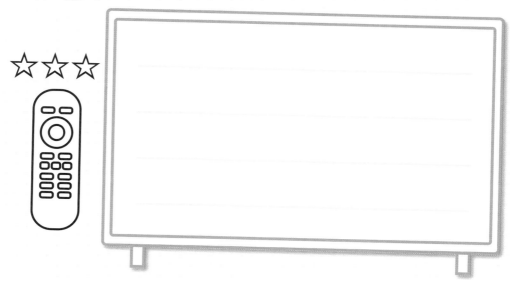

98 텔레비전 리모컨을 차지할 수 있는 방법을 써 봐.
싸우지 않고 차지해야 해.

☆ ☆ ☆

99 사막에 가니까
쓰러진 선인장이
있어. 그리고 그
선인장에 집을
지은 누군가 있어.
누굴까?
왜 거기 있을까?

☆ ☆ ☆

100

너만의 쇼핑몰을
만든다면 뭘 파는 곳을
만들고 싶어? 어떤
사람들이 좋아할까?

☆☆☆

101

공룡이 다시 생겨났어.
공룡과 살면 어떤
하루하루가 펼쳐질까?
좋은 일, 나쁜 일
모두 생각해 봐.

☆☆☆

102

마시면 슬픔이 사라지는
마법의 음료가 있어.
네가 레시피를 써 봐.

☆☆☆

103 24시 편의점처럼 24시 문이 열려 있으면 좋을 가게는 어떤 곳일까? 그 가게에 어떤 사람들이 올까? 사람들은 와서 무엇을 할까?

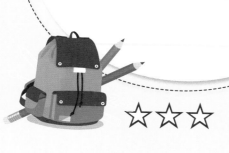

☆☆☆

104

너의 책가방에는 뭐가 있는지 궁금해. 하나씩 설명해 줘.

105

2만원이나 하는 짜장면 집이 있대. 과연 어떻게 만든 걸까? 어떤 재료가 들어갔을까?

☆☆☆

106

비 오는 날 학교에서
집까지 비 안 맞고
가는 방법을 알려 줘.
자세하게 써야 해!

☆☆☆

107

☆☆☆

한 달 동안 같은 음식만
먹어야 한다면 어떤 음식을
먹을 거야? 이유가 뭐야?
질리지 않을 방법도 있을까?

108 눈사람을 만들었는데 여름까지 녹지 않게 하려면 어떻게 해야 할까? 냉동실에 넣는 방법은 빼고 생각해 봐.

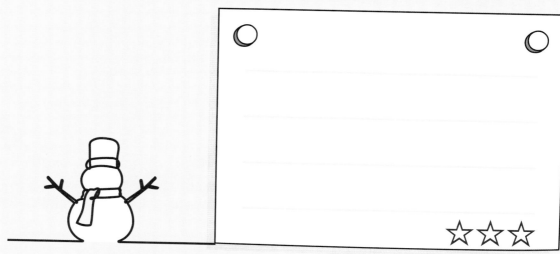

☆☆☆

109 10만 원권 지폐가 생긴다면 어떤 위인을 넣어야 한다고 생각해? 그 사람을 소개하고 이유도 써 봐.

☆☆☆

110 뜨거운 음식을 빨리 먹을 수 있는 방법을 써 봐. 위험한 방법은 빼고! 그걸 빨리 먹으면 어떤 점에서 좋을까?

☆☆☆

111 네가 기네스북에 오른다면 무엇으로 올랐을까? 너를 소개하듯 써 봐.

112 투명 인간이 되면 하고 싶은 일을 써 봐. 어디 가서, 무엇을 할지 말이야. 하고 나면 어떤 결과가 생길 것 같은지도 써 줘.

☆☆☆

113

휴게소에서 가장
좋아하는 음식은 뭐야?
맛이 어때? 왜 좋아?

☆ ☆ ☆

114

여행 갈 때 뭐 타고 가는 걸 좋아해?
비행기, 버스, 기차, 승용차,
또는 다른 것 중에서도 생각해 봐. 이유를 꼭 말해 줘!

☆ ☆ ☆

115 ☆☆☆

네가 일주일을 새롭게
만들어 봐. 월화수목금토일
말고 어떻게 하면 좋을
것 같아? 그렇게 만든 후
무엇을 할 거야?

116

네가 제일 좋아하는
캐릭터는 뭐야? 왜
좋아하는지 이유도
알려 줘!

☆☆☆

117

비행기를 타면 기내식을
줘. 어떤 기내식이
나오면 좋을 것 같아?
이유는 뭐야? 맛은?

☆☆☆

118

콩을 싫어하는 친구에게 콩으로 새로운 요리를 해 주니
먹었다고 해. 어떻게 했을까?

119

가족과 함께 꼭 가고 싶은 여행지는 어디야?
가서 무엇을 하고 싶어?

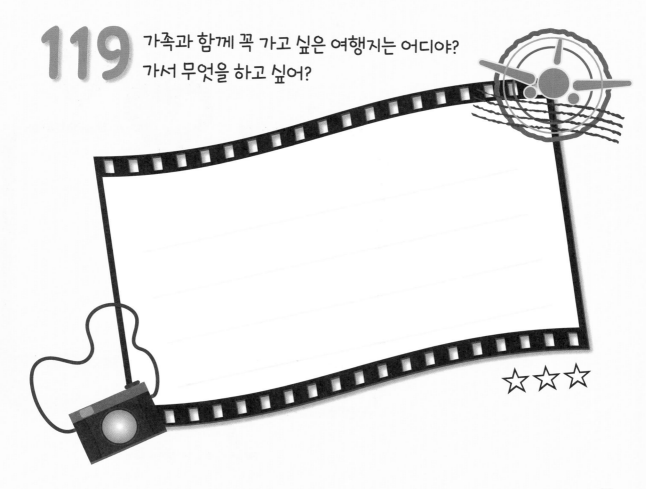

120

너를 가장 행복하게 하는 사람은 누구인지 써 봐.
어떻게 행복하게 해? 너는 그 사람에 대해
어떻게 생각해?

☆ ☆ ☆

121

네가 가장
좋아하는 게임은
무엇인지, 어떻게
하는 건지 알려 줘!

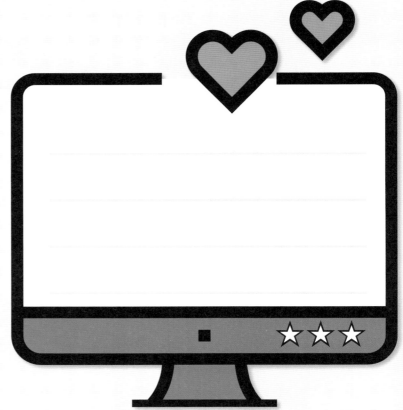

122

12시간을 혼자 보내야 한다면 어디서, 무엇을 하고 싶어?
이유는? 하고 나면 마음이 어떨까?
12시간 후에 어떤 일이 생길 것 같아?

☆ ★ ☆

123

한 달 동안 아무도 없는
바닷가에 가서 살고 올 거야.
여행 가방 안에 담을 것을 써 봐.
무엇에 쓰는 물건인지도!

☆ ★ ☆

124 학교에서 꼭 배워야 하는 것이 있다면 뭘까?
새로운 수업 시간을 만들어 봐. 이유도 써 봐.

125 네가 했던 일 중 가장 뿌듯한 일을 자랑해 봐.
그 일을 자세히 설명하면 좋아.

126

게임 캐릭터가 된다면 어떤 캐릭터가 되고 싶어?
캐릭터가 되고 싶은 이유는?
그 캐릭터가 되어 뭐 할 거야?

☆☆☆

127

물건을 1개를 넣으면 2개가 되어 나오는 요술 항아리가 생겼어. 가장 먼저 넣고 싶은 것과 이유를 써 봐. 2개가 되니 어떤 점이 좋아?

☆☆☆

128

이미 세상을 떠난 위인을 만난다면 누구를 만나서 무엇을 하고 싶어?
나누고 싶은 이야기는?
위인은 너를 보고 뭐라고 할까?

☆☆☆

129 산타 할아버지가 이번 크리스마스에 못 오셨대.
이유가 뭘까? 어떤 일이 있는 걸까?

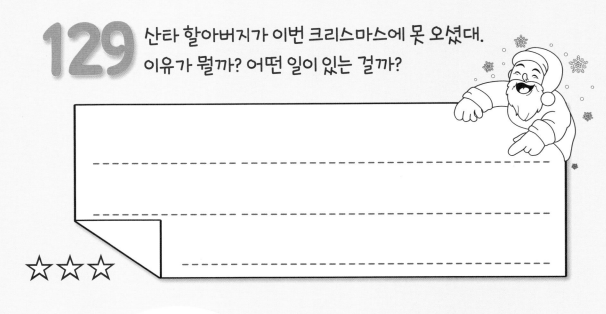

☆☆☆

☆☆☆

130 바다에 빠져서
고래 뱃속에 들어가고
말았어.
빠져나올 수 있는
방법을 생각해 봐.
꼭 성공해야 해!

....

....

....

....

☆☆☆

131 어린이날과 어버이날
말고 가족과 관련해서
어떤 날이 생기면
좋을 것 같아? 그날은
무엇을 하면 좋을까?
어린이날, 어버이날을
잘 못 즐기는 사람들을
위해 생각해도 좋아.

132

너의 좋은 습관을 하나 알려 줘.
그 습관은 왜 좋은 습관일까?
어떻게 갖게 되었어?
너는 그 습관에 대해
어떻게 생각해?

☆ ☆ ☆

☆ ☆ ☆

133

너의 나쁜 습관 하나만 알려 줘.
왜 나쁜 습관이라고 생각해?
앞으로 어떻게 하고 싶어?
주변 사람은 그 습관에 대해
어떤 반응을 보여?

134

네가 가장 정성을 다해서 하는 일은 뭐야?
어떻게 하는데? 정성을 다하는 이유는?

☆ ☆ ☆

135

네가 이 세상을 살면서 꼭 지키고 싶은 건 뭐야?
좌우명 같은 것 말이야. 어떤 친구는 '맛있는 건
먹으며 살자.'가 좌우명이야.

☆ ☆ ☆

136

하루 동안 아빠로 살 수
있다면 무엇을 해 보고 싶어?
해 보면 기분은 어떨까?
그걸 본 아빠의 반응은?

137

하루 동안 엄마로 살 수
있다면 무엇을 하고 싶어?
갈 곳, 할 일, 만날 사람 등을
생각해 봐.

☆★☆

138

라면 한 봉지를
세 명이서 배부르게
먹어야 해.
방법이 뭘까?

☆★☆

139

네가 오늘 하루 학교 선생님이 된다면 너희 반 아이들에게 뭐라고 말할 거야? 선생님이 말하듯 써 봐.

140

만약 너에게 꼬리가 생긴다면 뭐 하고 싶어? 좋은 일이야, 나쁜 일이야? 자세히 써 줘.

141

우리 동네 자랑거리를 2~3가지 써 봐.

142

네가 했던 나쁜 말은
뭐가 있어? 언제,
누구에게, 왜 했어?
하지 않겠다는
다짐까지 써 봐.

☆☆☆

143

가장 늦게 잔 시간이 몇 시야?
뭐 하다 잤어? 늦게 자니까 어땠어?

☆☆☆

144

세상에서 가장 쉬운 일이
뭐라고 생각해? 왜 쉽다고
생각해? 다른 사람들은 그
일에 대해 어떻게 생각할까?

145

세상에서 가장 어려운 일이
뭐라고 생각해? 왜 어렵다고
생각해? 다른 사람들은 그 일에
대해 어떻게 생각할까?

☆☆☆   ☆☆☆

146

네가 교육부 장관에게 편지를
썼더니 모든 시험을 없애
주셨어. 뭐라고 썼을까?
설득하는 법을 잘 생각해 봐.

☆☆☆

147

네가 신문에 나왔어.
왜 나왔을지 써 봐. 신문에 나올 만한 일은 뭘까?
그걸 본 주변 사람들 반응은?

MONDAY
may, 20 2013

NEWS ☆ № 147 ☆

Only fresh news

founded 1953

148

미래 너의 결혼식장을 떠올려 봐.
너는 어떤 모습이야? 네 옆의
배우자는? 축하해 주러 온 사람들은
어떤 사람들일까?

☆☆☆

149

하루 동안 너의 성별이 바뀐다면 무엇을 할 거야?
그것을 하고 싶은 이유와 주변 사람 반응도 써 봐.

☆☆☆

150

에어컨 없이 여름을 잘
보내는 방법이 있을까?
더위를 잘 피할 수 있는
방법 말이야.

☆☆☆

SUMMER

151 지금 네 눈에 보이는 것 중에 가장
마음에 드는 것을 소개해 봐.

☆☆☆

152 누군가와 무인도에 30일 동안 갇혀 있게 된다면
누구랑 갇혀 있고 싶어?
이유는 뭐야? 거기서 뭐 할 거야?

☆☆☆

153

낙엽이 떨어지며 무슨 말을 할까? 가을을 보내는 마음?
자신을 바라보는 사람들에게 하고 싶은 말?
원고지 칸 안에 아무 말이나 넣어 다 채워 봐.

154

유기견을 줄일 방법은 뭘까? 사람들이 강아지를 버리지
못하게 하려면 어떻게 해야 할까?

155 신기한 게 보이는 안경이 있어. 안경을 쓰고 네가 본 것은 무엇일까? 너는 그걸 보고 어떻게 했어?

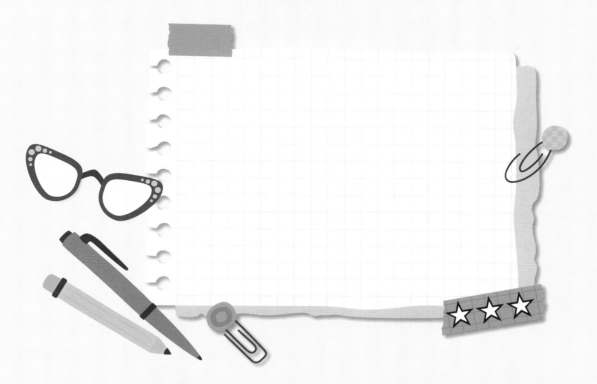

156 네 인생에서 가장 행복했던 나이는 언제야? 왜 행복했어? 다시 돌아가고 싶어?

157

복권이 당첨되어
엄청 큰 돈을 받게 되었어.
그런데 엄마가 달라고 해.
어떻게 할 거야?
그 이유는?

158

우리 부모님 자랑을
실~컷 해 봐!
2,3가지 이상
알려 줘야 해!

☆ ☆ ☆

159

지금 이 순간 가장 먹고 싶은
음식은? 왜 먹고 싶어?
먹고 나면 마음이
어떨 것 같아?

☆☆☆

160

엄마가 하신 음식이
맛없어. 하지만 말을
하지 않으면 계속 먹게
될 것 같아. 그럴 때
엄마가 상처 받지 않게
잘 말해 봐.

☆☆☆

161

너의 글을 읽고 부모님이 뭐라고
말해 주시면 좋겠어? 부모님이
말하는 것처럼 써 봐.

162

어린이가 먹으면 안 되는 음식이지만 꼭
먹어 보고 싶은 건 뭐야? 이유도 써 봐.
어떻게 먹을 수 있을까?
먹고 나면 어떻게 될까?

163

인생을 즐기며 사는 너만의 노하우를
알려 줘. 2,3가지 이상 쓰거나 한
가지라면 자세히 설명해 주어야 해.
그래야 따라 할 수 있잖아!

164 글씨를 안 예쁘게 쓰는 친구에게 연필이 뭐라고 말할까?
네가 연필이 되어 말해 봐.
욕은 하면 안 되고, 다정하게 말해야 해!

165 좋아하는 유튜버 있어? 즐겨 보는 유튜브는?
하고 싶은 말을 담아 댓글을 여기 미리 써 봐.

166 누가 너의 방에 자꾸 노크도
없이 들어와. 방문 앞에
뭐라고 써 두면 좋을까?
이 글을 보면 절대 들어오지
못하게 써 봐.

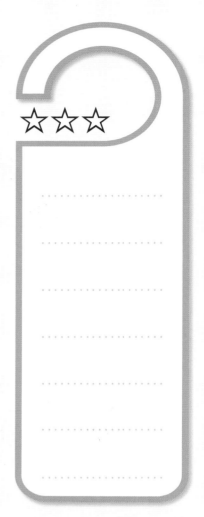

☆ ☆ ☆

167 혹시 모를 지진에 대피하기 위해 가방을 싸 두려고 해.
어떤 것을 넣어야 할까? 어디에 사용될까?
어디서 사야 하지?

168

지구가 네모라면
어떤 일이 일어날
것 같아?
마음껏 상상해 봐.
좋은 일, 나쁜 일
골고루 생각하기!

☆☆☆

☆☆☆

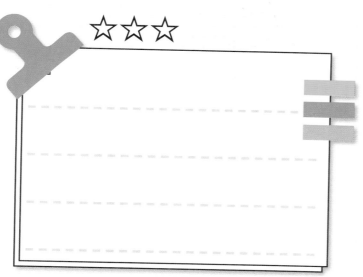

169

네가 가장 좋아하는
학원은 어디야?
가서 어떤 것들을 해?
왜 좋아? 학원 선생님께
하고 싶은 말은?

170

정말 정말 하기 싫은
공부가 뭐야? 이유는?
할 때 마음이 어때?

☆☆☆

171

네가 거의 안 쓰는 물건을
당근 마켓에 올릴 거야.
꼭 팔릴 수 있도록 특징과
장점을 써 봐.

172

네가 당근 마켓에서
운동화를 샀어.
그 사람이 뭐라고
썼길래 샀을까?

173 오늘 배달 주문한 음식이 최고였어. 멋진 리뷰를 써 봐.
맛, 배달 속도, 가격 등을 생각해 쓰면 좋겠지?
다른 사람이 음식을 선택하는 데 도움이 되도록 써 보면 더 좋아.

☆☆☆

"
"

174 오늘 배달 주문한 음식 맛이 별로였어.
예의를 갖추어 사장님께 드릴 말씀을 써 봐.
맛이 어땠는지, 속상했던 마음 등을 쓰면 돼.
네가 정말 별로였던 음식을 떠올려 보면 더 쉽게 쓸 수 있어.

"
"

☆☆☆

175

네가 죽은 후 너의 무덤 묘비에
뭐라고 쓰이기를 원해?
네가 미리 써 봐. 묘비는 사람이
죽은 후 무덤 앞에 세우는 비석이야.

☆ ☆ ☆

176

마트 시식 코너에서 꼭 먹어 보고 싶은 것이 있다면 뭐야?
왜 먹고 싶어? 맛은 어떨까? 시식한 후에 너의 반응은?

☆ ☆ ☆

177

지우개를 부수는 친구에게 지우개가 뭐라고 말할까?
네가 지우개가 되어 말해 봐. 지우개 마음이 잘 나타나도록!

☆☆☆

178

월요일이면 더 피곤한 현상을
월요병이라고 해. 월요병을
없앨 수 있는 방법은 뭘까?
2가지 이상 쓰거나 한
가지라면 자세히
써야 해!

☆☆☆

179

기차에 갇혀서 30일 동안 살아야 한다면 어떻게 버틸까?
먹을 것은 어떻게 구하지? 씻는 건 어떻게 하지?
기차 안의 사람들과는 어떻게 지내야 할까?

180

20년 후에 너는 어떤
사람이 되어 있을 것 같아?
모습, 직업, 누구와 가장
많이 만날지 써 봐.
가장 친한 사람,
또는 누구랑 살고 있을지
써도 좋아.

181

오늘 하루 마트에서 마음껏 물건을 살 수 있다면 무엇을 살지 이유와 함께 써 봐. 2,3가지 이상 쓰면 좋아.

182

나와 똑같은 가짜 '나'가 생겼어. 나 대신 하루 있어 준다면 어떤 일을 하게 하고 싶어? 너는 그 시간에 뭐 할 거야? 하루를 보낸 소감은?

동음이의어로 글쓰기

소리는 같고 뜻이 다른 동음이의어 두 단어를 넣어 아무 글이나 써 봐.

☆ ☆ ☆

184

먹는 배와
물 위에 떠다니는 배

183

하늘에서 내리는 눈과
우리 몸의 일부인 눈

☆ ★ ☆

★ ☆ ☆

185

솔솔 부는 바람과
소망을 뜻하는 바람

186
입으로 하는 말과
달리는 말

187
길가에서 볼 수 있는 풀과
종이를 붙이는 풀

☆☆☆

☆☆☆

188
먹는 밤과 깜깜한 밤

☆☆☆

두 단어로 글쓰기

두 단어를 넣어 아무 글이나 써 봐.
경험한 것도 좋고 상상도 좋아.

189

게임, 부자

☆☆☆

190

아빠, 공룡

☆☆☆

191

놀이, 공부

☆☆☆

세 단어로 글쓰기

세 단어를 넣어 아무 글이나 써 봐.
경험한 것도 좋고 상상도 좋아.

193

노래, 이웃, 소원

194

우주, 천사, 줄넘기

192

돈, 사랑, 기적

☆☆☆

☆☆☆

☆☆☆

195

다음 글자로 시작하는 단어를 1개씩 써 봐.

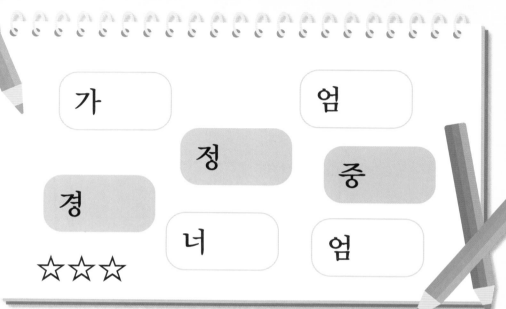

가   엄

정

중

경

너   엄

☆☆☆

196

다음 글자로 끝나는 단어를 1개씩 써 봐.

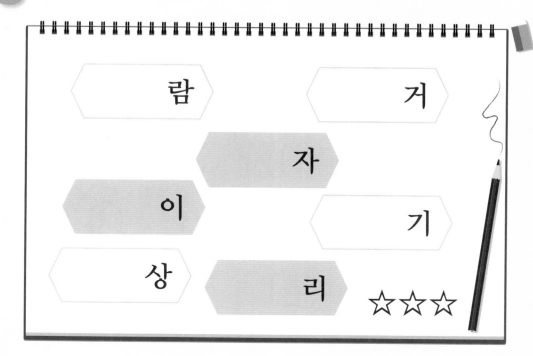

람   거

자

이   기

상   리   ☆☆☆

아래의 쪽지 편지를 쓴 다음,
주고 싶을 때 오려서 살짝 전해 볼까요?

197

부모님께 이런 칭찬이 듣고 싶다고 편지를 써 봐.

☆☆☆

198

부모님께 꼭 하고 싶은 잔소리를 써 봐.

☆☆☆

199

정말 고마운 친구에게 하고 싶은 말을 솔직히 써 봐.

☆☆☆

200

너를 속상하게 했던 친구에게 하고 싶은 말을 솔직히 써 봐.

☆☆☆